INVENTAIRE

F 26575

Coutume de Marsal

COUTUMES

DE LA VILLE

ET PRÉVOSTÉ

DE

MARSAL.

A NANCY,

Chez H. THOMAS père & fils, Imprimeurs-
Libraires, à la Bible d'or.

M. DCC. LXI.

AVEC PRIVILEGE DU ROI.

CHARTRES
ET
COUTUMES,

Qu'il a plu à Son Altesse agréer, homologuer, & confirmer aux Bourgeois & Habitans des Ville & Prévosté de Marsal.

HARLES par la grace de Dieu, duc de Lorraine, marquis, duc de Calabre, Bar, Gueldres, marquis du Pont-à-Mousson & de Nomeny, comte de Provence, Vaudémont, Blamont, Zutphen, &c. A tous qu'il appartiendra ; Salut. Veu en noſtre conſeil les articles cy-après, preſentés par nos chers & bien amez les bourgeois & habitans de noſtre ville & prevoſté de Marſal, à feus nos tres-honorés ſeigneurs ayculs & beau-pere, que Dieu ait en gloire, & raportez par feus nos tres-chers & feaux conſeillers d'eſtat, & maiſtres aux requeſtes ordinaires en noſtre hoſtel, G. Maimbourg, & N. Piſtor, ſur l'examen prealablement fait par nos auſſi tres-chers & feaux les preſidens, conſeillers, & auditeurs des comptes de Lorraine,

A ij

à qui ils auroient esté renvoyés le besogné, de
feu nostre aussi tres-cher & feal conseiller d'estat,
& auditeur desdits comptes, Balthazar Royer,
commis de leur part; & l'avis desdits sieurs des
comptes du quatriéme aoust mil six cens & vingt.
Et oüy nostre tres-cher & féal conseiller d'estat,
& maistre desdites requestes, Claude Baligny, en
son rapport, nous desireux d'apporter & établir
un bon reglement, tant à la distribution de la justice, qu'à la police, esdites ville & prevosté dudit Marsal, au soulagement des bourgeois & habitans d'icelles, Avons de nostre puissance &
authorité souveraine, & par l'avis des gens de
nostredit conseil, à la supplication tres-humble
que lesdits bourgeois & habitans nous en ont
fait, agréé, homologué & confirmé, agreons,
homologons, & confirmons par cettes, jusques
à nostre bon plaisir, & qu'autrement il en soit par
nous ordonné, lesdits articles en nombre de
quatre-vingt-cinq, contenus au present volume.
Voulons iceux estre suivis, & desormais ob-
servés de point en point, comme loix & coutumes municipales, tant en jugement que dehors,
sans qu'il soit loisible à aucuns d'en proposer,
déduire, ny articuler autres au contraire, ny aux
juges d'y contrevenir par jugement, sentence,
ou autrement en sorte quelconque; & sont les-
dites articles tels que s'ensuivent :

ARTICLE PREMIER.

LE corps de la justice dudit Marsal est compo-
sé d'un prevost, maistre eschevin, six eschevins, un clerc-juré & un doyen, qui sont francs

& exempts, comme auſſi le Bannerot, ou porte-
enſeigne, de toutes rançons, aydes ſubſides preſ-
tations, & de corvées, ordinaires & extraordinaires, logemens & fournitures,de ſoldats, gardes
des portes & murailles, ſauf toutefois des aydes
& contributions extraordinaires, dont ils payent
leurs cottes, & deſdits logemens, fournitures,
& gardes és occurrences des urgentes neceſſités
extraordinaires, pour l'aſſurance de la place.

I I.

LEDIT prevoſt n'a que deux ſergens, qui ne
ſont francs, ſinon des aydes ordinaires & corvées.

I I I.

LEDIT prevoſt, maiſtre eſchevin, & eſche-
vins, jugent de toutes cauſes civiles, perſonnelles,
réelles & mixtes, ordinaires & extraordinaires,
écheantes, entre & contre les bourgeois dudit
Marſal, ou entre forains, pour choſe y aſſiſes,
aprés le recueil des voix & ſuffrages, fait à ces
fins par ledit maiſtre eſchevin, & font les jugemens & ſentences conceuës en meſme forme
que du paſſé, preſide ledit prevoſt en juſtice, ra-
portant & reſumant le fait dont il faut juger,
& ce à la pluralité des voix, forment & inſtrui-
ſent tous procez criminels ou delits, qualifiés
importans, peine de diminution, d'eſtat, muti-
lation de membres, ou autre corporelle, & en
jugent ſans appel, & la voix dudit prevoſt, auquel demeure la charge de l'execution.

I V.

DESDITS jugemens, ainſi rendus eſdites cauſes civiles, la partie qui ſe ſent grevée peut appeller à la chambre des comptes de Lorraine, dedans la huitaine du jour de la prononciation d'iceux, en ſa preſence, ou de ſon procureur, fondé par les actes, ou ſi elle eſt abſente, du jour de la ſignification qui luy en ſera faite.

V.

L'APPEL ainſi interjetté ſe doit relever dedans l'autre huitaine ſuivante, & premiere audiance, par conſignation és mains dudit prevoſt de cinq francs quatre gros.

V I.

ET ſe ferme ledit appel, parties preſentes ou appellées, & leſdits cinq francs quatre gros s'y enferment, cinq francs qui ſont pour ladite chambre, les autres quatre gros demeurans audit prevoſt, & ſe porte promptement ledit procez, & s'envoye en l'eſtat qu'il aura eſté jugé ſans griefs audit greffier de ladite chambre aux dépens de l'appellant, ſauf à repeter, s'il échet, qui pour ce avance trois francs, à peine de deſertion, & raporte le meſſager recepiç dudit greffier.

V I I.

PEUVENT neanmoins leſdits de juſtice és cauſes pures perſonnelles de dettes & deniers, grains, vins, & choſes ſemblables, juger deffinitivement, & ſans moyen d'appel, juſques à concurrence, valeur, & eſtimation de cinquante francs, & au deſſous.

V I I I.

Et combien qu'en toutes cauſes ſurpaſſantes la valeur deſdits cinquantes francs y puiſſe avoir appel, comme dit eſt, ſi eſt-ce qu'en celles d'exe-cutions en vertu de choſes jugées, ou obligations portantes executions parées, afin de tant plus re-trancher le moyen des appellations frivoles, la partie condamnée doit, nonobſtant ſon appel, & ſans prejudice d'iceluy, nantir la choſe de la-quelle elle eſt condamnée, en donnant par l'inti-mé bonne & ſuffiſante caution de la rendre, s'il eſt trouvé que faire ſe doive, & en toutes leſ-quelles cauſes il eſt plaidé aux frais du tort, tant en premiere inſtance, que d'appel.

I X.

Lesdits de juſtice ont la police ſur le taux & reglement des vivres, denrées, & autres tel-les affaires concernantes le bien commun des ſu-jets de ladite prevoſté, ont la creation des tuteurs & curateurs, audition de leurs comptes, & fer-metures d'iceux, l'adminiſtration des biens de pupils, leurs juridiciables & authoriſations de la vente d'iceux; & y a un maiſtre des merciers, & un maiſtre des bouchers qui preſtent ſerment en-tre les mains dudit prevoſt.

X.

En tous leſquelles cas de creations de tuteurs & curateurs, auditions deſdits comptes, nôtre procureur-général de Lorraine, ou son substitut audit lieu, sera appellé & ouy, & donnera son avis sur les alienations qui viendront à faire pour payer leurs dettes, ou autrement pour leurs plus grands profits, à l'éteinte de la chandelle, au plus offrant & dernier encherisseur, les plus proches parens prealablement appellés & ouys.

X I.

LES amendes ordinaires sont de six francs, & les arbitraires se jugent, & taxent par lesdits de justice, aprés que ledit substitut y a donné ses conclusions.

X I I.

TOUTES personnes de Marsal & de ladite prevosté, franches à cause de leurs personnes, ou de leurs demeurances, seront juridiciables à la justice ordinaire, excepté les nobles, les prevost, receveur, & les gouverneur, tailleur, trilleur, & bouttavant des Salines dudit lieu.

X I I I.

LE prevost est étably absolument par sadite Altesse, & le maistre eschevin se choisit par le reste du corps de la justice, entre les eschevins & choisi, est presenté à sadite Altesse, qui le pourvoit, & avenant le deceds d'aucuns desdits eschevins, les autres survivans nomment trois bourgeois capables à exercer l'estat, & envoyent requeste à sadite Altesse, avec leur avis, & sadite Altesse choisit & instituë lequel des trois il lui plaist.

X I V.

NE ſont leſdits habitans dudit Marſal tenus en
ſorte quelconque, aux refections ny entretene-
ment des murailles, ponts, ravelins, boullevards,
retranchemens, ny autres choſes ſemblables concernantes la fortereſſe.

X V.

LES commerces ſont libres comme d'ancien-
neté, & ne peuvent les gouverneurs empêcher
les vignerons & laboureurs de vendre leur vin,
& grains hors de la ville, afin qu'ils puiſſent vi-
vre de leurs labeurs.

X V I.

LES ſujets de ladite prévoſté dudit Marſal,
feront les charrois par chacun an, de cent cordes
de bois ſeulement, tant pour le chauffage du gouverneur, que des corps de gardes dudit Marſal,
& ne feront ſurchargés autrement, ny plus avant,
du ſurplus que ſon Alteſſe fera charroyer par autre moyen.

X V I I.

IL n'eſt loiſible à perſonne audit Marſal, de
quelle qualité & condition qu'il ſoit, de tenir
troupeaux à part, ſinon à ceux qui en ont privilege ſpecial de ſon Alteſſe.

X V I I I.

ARRETS perſonnels ont lieu pour indemnité
de cautionnement, garandie de choſes venduës,

reparations d'injures verballes, ou actuelles, dépens de bouche, pourveu qu'és deux derniers cas l'arrest se requiert sur le champ de l'injure, & dépens faits.

X I X.

LE requerant d'arrest personnel, ou saisie sur chevaux, ou autres bestiaux, marchandises, dettes & argent, & autres denrées, doit préalablement que l'obtenir, fournir caution bourgeoise, s'il n'est de la jurisdiction de ladite prevosté, & l'arrest signifié, s'en peut obtenir mainlevée, moyennant caution, & de la plaider à l'ordinaire, sur l'arrest ou saisie, bien ou mal requise, ou sur le champ à l'extraordinaire, aux frais du tort, si l'arresté, ou celui sur qui est saisi quelque chose, ne peut ou ne veut fournir de caution.

X X.

TOUS ceux qui veulent aller demeurer hors dudit Marsal, ou des villages de ladite prevosté, font tenus de fournir caution annale, pour tout ce qu'on leur peut demander dedans l'an, autrement peuvent estre leurs meubles arrestés, jusques à ce qu'ils ayent satisfait ; l'an passé leur caution est déchargée.

X X I.

DETTEUR suspect de fuite, peut estre arresté à requeste de ses creanciers, voir constitué prisonnier, ou pour l'arrest il ne fait devoir de payer, & y a apparente presomption que frauduleusement il cache & recelle deniers, ou autres meubles : mais si-tost qu'il met en evidence bien exe-

cutable à la concurrence de ce qu'il doit, il eſt
élargy.

X X I I.

Si le detteur eſt ſuſpeƈt de diſtraire, ou diſtri-
buer en fraude de ſes creanciers, les deniers of-
ferts de ſon héritage, avant ou aprés qu'il en aura
fait la recolte, il eſt loiſible auſdits creanciers de
requerir ſaiſie deſdits fruits & deniers. Infraƈteur
d'arreſt eſt puniſſable de priſons, & à l'arbitrage
du juge, & gage un chacun ſur le ſien, en ſoû-
tenant ſon rapport par ferment.

X X I I I

A chacun des villages de Jevelize, Saint Me-
dard, & Haracourt, y a un maire ſervant de ſer-
gent ſous ledit prevoſt, leſquels font les exploits
dont il ſont requis, ayant un blanc pour ſalaire
de chacun d'iceux ; & partant eſt defendu aux ſergens dudit Marſal de faire aucun exploit eſdits
lieux, n'eſt qu'ils ſe contentent de pareil ſalaire,
ſinon en cas qu'il s'agiroit d'obligation, avec com-
miſſion dudit prevoſt, auront iceux ſix gros pour
ſalaire.

X X I V.

Femme appellée en matiere d'injures, évite
reparation, ſi ſon mary declare la deſavoüer, ou
ſoûtient judiciairement par ferment l'avoir bat-
tuë, declarant ſadite femme avoir eu tort de pro-
noncer telle injure, à charge neanmoins de l'amende du plaintif, & des dépens.

X X V.

Le meuſnier dudit Marſal doit moudre les grains de manouvriers des villages ſi-toſt qu'ils arrivent, & ſans attendre leur tour, afin que leſdits manouvriers ne ſoient contraints de ſejourner & perdre leurs journées, & que les femmes qui laiſſent des enfans de lait s'en puiſſent retourner pour les allaiter.

X X V I.

Il n'eſt loiſible audit prevoſt d'empriſonner aucun bourgeois, ſi ce n'eſt en cas de crimes, ou de delit flagrant, ains doit prendre caution de ceux qui ſont pretendus avoir commis quelques offenſes, juſqu'à ce qu'information ſoit faite, & jugé ce qu'ils auront merité.

X X V I I.

Le profit de contumace eſt, que le demandeur obtient gain de cauſe en jurant, ſi c'eſt de ſon fait, que ce qu'il demande luy eſt bonnement & loyalement dû, qu'il ne calomnie point, ains eſtime avoir bon droit, & n'y entend dol ny fraude.

X X V I I I.

Ceux qui ſont raportés & convaincus d'avoir blaſphemé le ſaint nom de Dieu, payent dix francs d'amende, un tiers à ſon Alteſſe, un tiers aux pauvres, & l'autre tiers au raporteur, pour la premiere fois; le double pour la ſeconde; le triple pour la troiſiéme; & pour la quatriéme, porte la peine de banniſſement, & confiſcation de biens.

X X I X.

LES jeux de cartes , dez , & autres de hazards, ſont defendus , à peine de ſix frans d'amende, avec defenſe aux hoſtelliers d'en ſoûtenir aucun, à pei- de pareille amende.

X X X.

CONTRACTS faits en taverne, ou ailleurs en banquetant , & comme l'on dit, faits ſur le vin, ſon nuls , & de nulle valeur ; & y a ſix francs d'a- mende contre le vendeur , autant contre l'ache- teur.

X X X I.

IL n'eſt loiſible à perſonne de vendre ou ache- ter bled en herbe, ny autres grains, à cauſe des abus qui s'y commettent, & ſignamment par les moitriers, qui vendent leur bled en herbes, & à la Saint Martin ils n'ont dequoy payer leur maiſ- tres ; & n'eſt auſſi loiſible d'acheter bled au mar- ché pour en faire greniers , ny autres grains, juſ- qu'à ce que le marché ſoit paſſé.

X X X I I.

S'IL s'agit de ſpoliation, arreſt perſonnel, ga- gere, de gages paſturant, fruits , châtels , meubles periſſables , ou autres choſes qui requierent cele- rité & proviſion, il eſt procedé extraordinaire- ment, & aux frais du tort.

X X X I I I.

ENTRE gens mariez, s'il y a traité de mariage,

il le faut fuivre, pourveu que ce ne foit contre les bonnes mœurs, jaçoit qu'il contienne chofe directement dérogeantes aux coutumes, qui autrement auront lieu entre lefdits mariez. mais où il n'y a pact ou traité de mariage, l'on fe doit ranger à la coûtume, qui eft, que le mary & la femme font, du jour des époufailles, commun en tous biens meubles, dettes perfonnelles mobiliaires, actifs & paffifs, contractées durant leur mariage, & auparavant : toutefois durant & conftant iceluy mariage, le mary en eft le maître & le feigneur, & en peut difpofer feul à fon bon plaifir, fans le confentement de fa femme, avenant le deceds de laquelle, fans enfans, ou avec enfans, il emporte la totalité defdits meubles, à la charge des dettes mobiliaires & perfonnelles ; enfemble des frais funeraux de fadite femme ; comme auffi fait la femme furvivante, au cas qu'il n'y ait enfans delaiffés par fon mary, foit de leur mariage, ou autre precedent.

X X X I V.

QUE s'il y a enfans, elle ne peut rien pretendre efdits meubles, qu'autant que l'un d'iceux, hormis par preciput fa cheveffe, c'eft à dire, fes habits, bagues & joyaux, & un lit garny, ny le pire, ny le meilleur ; auffi n'eft-elle tenuë aux dettes mobiliaires & perfonnelles, plus avant que fa contingente, fans que fadite cheveffe luy vienne en accroiffement de charge.

X X X V.

ET peut dans ving quatre heures aprés la fcien-

ce du trépas de ſondit mary, renoncer auſdits meubles, en jettant les clefs ſur la foſſe, par elle meſme, ou par procureur, ſpecialement fondé, ſi
elle eſt au lieu de l'enterrement ; ſi elle eſt abſente,
& faiſant declaration de ſa renonciation au juge du
lieu où elle ſe retrouvera dedans le meſme temps
de la ſcience, & en ce faiſant, pourveu qu'elle
n'ait point recelé ou diſtrait aucuns biens de la
communauté du vivant de ſon mary, ou depuis
ſon trépas ; dequoy eſtant requiſe, elle ſe doit
purger par ſerment, elle demeure quitte & déchargée des dettes, ſi ce n'eſt qu'elle s'en ſoit ex-
preſſement obligée, auquel cas elle en peut eſtre
convenuë, pour la contingente de ſon obligation,
ſauf ſon recours contre l'heritier pour ſon indemnité.

X X X V I.

AINSI faiſant ladite renonciation, elle ne peut
rien pretendre és acqueſts faits conſtant le mariage,
ny doüaire prefix, ny couſtumes, ains ſeulement
ſes habits, bagues, & joyaux, qu'elle a accoûtu-
mé porter d'ordinaire, pourveu qu'ils ſoient
tels qu'elle puiſſe les porter à une ſeule fois & ſans
fraude.

X X X V I I.

RENTES conſtituées à prix d'argent, & ra-
chetables, immeubles engagez ou vendus à faculté de rachat, dedans le temps dudit rachat,
amodiations, & priſes à ferme au deſſus de vingt
ans, ſont cenſées meubles.

X X X V I I I.

LA femme n'a aucun droit és acquefts faits par fon mary, conftant le mariage, fi dont n'eft qu'el-le fe trouve dénommée és lettres d'iceux ; toutefois, la femme époufée au chapeau, c'eft à dire, jeune fille, furvivant fon mary, emporte pour fon droit efdits acquefts, la moitié d'iceux en ufufruit.

X X X I X.

OU elle n'eft repartie defdits acquefts que par la feule volonté de fondit mary, qui l'a voulu dé-nommer és lettres d'acquefts, il peut tellement acquefter, que du vivant & après la mort d'icel-le, puiffe vendre & aliener la totalité de fon ac-queft, fans qu'en ce il puiffe eftre valablement empêché, ou par elle, ou bien après fon deceds par fes patens ou heritiers, pourveu qu'ès lettres d'acquefts il fe foit expreffément refervé d'en pou-voir ainfi difpofer, mais où elle en auroit efté re-partie par traité de mariage, il ne peut, nohob-ftant ladite referve, en difpofer, que du vivant de fadite femme.

X L.

PEUT auffi le mary acquefter pour luy, fa femme & hoirs procréez d'eux, privativement de tous enfans qu'ils pourroient avoir d'autres premiers, ou fubfequens mariages ; de maniere, qu'encore que le ventre ne faffe diftinction en matiere de fucceffion, fi eft-ce qu'il n'y aura en-fans qui fuccedent à la mere en iceux acquefts,
que

que ceux dudit mary acqueſteur ; & où ladite femme eſt acqueſtereſſe par la ſeule volonté du mary, qui l'a voulu dénommer és lettres, le ſeul conſentement d'icelle ſuffit, pour pouvoir eſtre valablement diſpoſé de ſa part par ſondit mary, tous autres ſiens immeubles ne pouvant eſtre vendus, hypotequez, ny autrement alienez par ledit mary, ſans le conſentement d'icelle, âgée de vingt ans, de quatre parens avec elle, deux du coſté paternel, & deux du coſté maternel ; & au defaut d'iceux, de quatre amis, à peine de nullité de contracts.

X L I.

FEMME épouſée en premieres nôces, jeune fille, où il n'y a enfans de ſon mary predecedé, emporte pour doüaire coûtumier, l'uſufruit de tous les immeubles delaiſſés par ſon mary, & en joüit ſa vie durant, ſoit qu'elle demeure en viduité, ou convole en ſecondes nôces.

X L I I.

MAIS où il y a enfans, elle n'emporte pour doüaire, que ſes anciens ou acqueſts à ſon choix, qu'elle doit declarer dedans quarante jours aprés qu'elle aura ſceu le deceds de ſon mary; faute dequoy, le choix eſt tenu pour referé à l'heritier, de la totalité deſquels anciens ou acqueſts, elle joüit tant & ſi longtems qu'elle demeure en viduité; mais convolante en ſecondes nôces, elle en met bas les deux tiers en faveur des enfans de ſon feu mary, ſi lors de ſes ſecondes nôces il y en a, attendu que femme remariée n'a aucun droit de doüaire fur les biens de fon fecond ou fubfequent mary, foit qu'il y ait enfans ou non.

XLIII.

E N doüaire, le bien eft entendu ancien, qui eftoit en la puiffance du mary avant fon mariage, à quel droit ou titre que ce fut, ou qui luy eft écheu conftant fon mariage, par droit de fucceffion directe; acquefts font les immeubles acqueftés pendant le mariage, ou qui échéent au mary conftant iceluy, par fucceffion collaterale, ou bien luy viennent, ou à fa femme, par donation, ou autres titres lucratifs.

XLIV.

FEMME ayant doüaire prefix par traité de mariage s'en doit contenter, & ne luy eft loifible de recourir au couftumier, fi le choix ne luy en eft par exprés refervé; auquel cas elle doit dans quarante jours du deceds de fon mary connu, declarer fon option pardevant l'heritier plus apparent de fondit mary, ou gens de la juftice du lieu; faute dequoy, elle eft entenduë s'arrefter au prefix.

XLV.

FEMME qui tient immeubles en doüaire couftumier ou prefix, eft tenuë payer & acquitter les rentes & charges réelles & foncieres deuës à caufe d'iceux, entretenir les bâtimens de baffes, menuës, & moyennes reparations, & du tout ufer en bonne mere de famille & ufufruitiere, fans en rien alterer, ou empirer, à peine de priva-

tion de ce dont elle ſeroit trouvée abuſer, & de
ſatisfaire aux intereſts du proprietaire.

X L V I.

M E R E qui eſt tutrice de ſes enfans, demeure
en communauté de biens avec iceux, ſi bon luy
ſemble ; auquel cas elle n'eſt obligée leur rendre
ny tenir compte des fruits, mais auſſi la tutelle
finie, ils entrent contre elle en partage des profits
& acqueſts qu'elle peut avoir fait pendant la tutelle & adminiſtration, & ſe voulant remarier,
elle eſt obligée en demander tuteur à ſeſdits enfans,
& leur livrer partage, faute dequoy elle eſt amen-
dable envers ſon Alteſſe de cent francs ; fils & filles demeurans en tutelle & curatelle juſques à
l'âge de vingt ans.

X L V I I.

L'H E R I T I E R ou acqueſteur, n'eſt obligé de
s'arreſter aux baux faits par ceux deſquels il a le
droit par ſucceſſion ou achat, ny l'homme marié
à ceux qu'il a fait ou ſa femme, ou bien ont eſté
faits par leurs tuteurs avant leur mariage, qui eſt
ce que l'on dit, mort & mariage corrompe tout
loüage ; ce que toutefois s'entend pour l'égard
des laiſſeurs, & non des preneurs, qui demeu-
rent obligez de les ſuivre, s'il plaiſt auſſi auſdits
laiſſeurs ou heritiers.

X L V I I I.

M E U B L E S portés par locataire en maiſons
loüées, & grains percrus ſur les terres d'un ga-
gnage laiſſées à ferme, ſont tacitement obligez à

la paye de la penſion de l'année, & arrerages de la
precedente, & eſt le locataire ou laiſſeur en iceux,
preferable à tous autres creanciers, nonobſtant
ſaiſies ou executions, pourveu qu'il n'y ait tranſ-
port.

X L I X.

VENDEURS concurrens avec autres creanciers,
en l'exécution de choſes par eux venduës, ſont
preferables pour la paye de ce qui leur eſt dû du
prix, ſi tant eſt que par contraɛt elle leur ſoit hy-
potequée.

L.

DONATIONS mutuelles faites entre conjoints,
n'ont lieu, la perſonne qui eſt en ſa puiſſance &
uz de ſes droits, peut donner par donation ſim-
ple, ou remuneratoire entre vifs, ce qu'il luy
plaiſt, ſoit meubles ou immeubles, pourveu qu'il
ſe deſſaiſiſſe de la choſe donnée, & en mette en
poſſeſſion aɛtuelle le donataire; car autrement,
donner & retenir ne vaut, & peut donation de
choſes notables, eſtre revoquée par l'ingratitu-
de dudit donataire.

L I.

TOUTES perſonnes qui ſont en leur puiſſance,
ſaines d'entendement, n'ayans enfans, peuvent
diſpoſer par teſtament & volonté derniere, de
leurs meubles & acqueſts, à qui bon leur ſemble-
ra, s'il n'y a traité de mariage faiſant au contraire,
& s'il y a enfans, ne pourront diſpoſer que de
leurs meubles ſeulement.

L I I.

TESTAMENT eſt reputé ſolemnel, s'il eſt écrit & receu par un tabellion, en preſence de deux témoins, ſi le teſtateur l'ayant écrit & ſigné, le fait auſſi ſigner au blanc & au dos par deux témoins, s'il l'a fait écrire, & l'a ſigné, avec atteſtation de trois témoins.

L I I I.

TESTAMENT eſt valable, bien qu'il ne contienne inſtitution d'heritier, & en ce cas l'heritier *ab inteſtat*, demeure chargé des legats pieux, & donations teſtamentaires ; teſtament dernier caſſe & revoque les precedens, ſi par iceluy il n'eſt expreſſément dit au contraire.

L I V.

EXECUTEURS teſtamentaires, aprés l'inventaire fait, l'héritier preſent, ou deuement appellé, ſont ſaiſis du jour & point du deceds du defunt, & durant l'année, de tous les meubles delaiſſés, juſques à la concurrence des charges & donations du teſtament.

L V.

EN ſucceſſions directes, fils & filles, & leurs repreſentans infiniment, ſuccedent entr'eux à leur pere & mere en toutes ſortes de biens, meubles & immeubles, anciens, & acqueſts, par égales portions, ſans diſtinction de la diverſité de lits.

L V I.

DENIERS, & autres choſes données en mariage, font fujettes à rapport par ceux qui veulent entrer en partage, fi donc il n'apparoift clairement le donateur en avoir autrement difpofé.

L V I I.

PERE & mere, & à leur defaut ayeuls ou ayeules, & autres afcendans, fuccedent generalement aux meubles, acquefts, & conquefts de leurs fils & filles decedez fans enfans, & en excluent freres & fœures, germains ou non germains, mais pour l'ancien, ils en font generalement exclus par freres ou fœurs germains, pour ce qui meut du cofté & ligne duquel ils eftoient freres ou fœurs au decedé : font toutefois lefdits pere & mere preferables pour le furplus, mouvant d'autre eftocages aufdits non germains; mais ceux qui decedent fans hoirs de leurs corps, freres ny fœurs, germains ni non germains, lors père & mère, & à leur defaut ayeuls ou ayeules, & autres afcendans, fuccedent indifferemment à tous leurs meubles & immeubles, de quelle nature ils foient.

L V I I I.

EN fucceffion collaterale, freres & fœurs, germains, & leurs defcendans, excluent generalement les non germains, mais faute de germains, les non germains heritent univerfellement, & tout ainfi que feroit le germain, fans diftinction d'où puifle mouvoir & dépendre le bien.

L I X.

EN ligne directe, reprefentation a lieu infiniment, en quel degré que ce foit.

L X.

ET en ligne collaterale, quand les neuveux &
niéces viennent à la ſucceſſion de leurs oncles,
avec ou ſans les freres ou ſœurs du decedé audit
cas de repreſentation, les repreſentans ſuccedent
par ligne, & non par teſtes.

L X I.

MAIS où il n'y a frères ny ſœurs, ny deſcen-
dans d'iceux, oncles ny tantes, faut revêtir les
lignes ſelon que chacun ſe trouve capable de ſon
chef, ou par repreſentation; & faute d'heritier
d'une ligne ou d'autre, le haut juſticier ſuccede.

L X I I.

EN ſucceſſion directe, partage d'immeubles,
ſe fait par l'aîné des enfans, ou de ſon repreſen-
tant, à frais communs, & en doit laiſſer le choix
à ſes puiſnés, à commencer par ordre, du plus
jeune juſques à luy.

L X I I I.

LES partages ainſi faits, chacun des heritiers
doit opter dedans quarante jours, autrement le
defaillant ouvre & tranſmet ſon droit à celuy qui
le ſuit en ordre immediatement.

L X I V.

LE mort ſaiſit le vif, ſon plus proche & ha-
bile à luy ſucceder, & ſi aucun ſe veut porter
pour heritier par benefice d'inventaire, il eſt tenu pour ce faire obtenir lettres de ſon Alteſſe, &
bailler caution ſuffiſante.

L X V.

SUCCESSION collaterale & mobiliaire, de quelque part elle vienne, se partage par lots.

L X V I.

QUI bâtit sur son fonds, peut élever son bâti-ment autant qu'il luy plaist, encore qu'il nuise à la lumiere du voisin, si donc il n'y a titre ou ser-vitude au contraire : Peut aussi prendre veuë sur soy, & n'y eust-il heritage plus que pour le tour d'un ventillon entier ou brisé ; mais aussi n'est pour ce le voisin empêché de bâtir perpendiculairement & à la ligne sur son fonds, au prejudice de telle veuë, s'il n'y a droit au contraire.

L X V I I.

NUL ne peut appuyer sommiers, dresser che-minées, & creuser pour contre feu en la muraille d'autrui, encore qu'elle lui soit voisine ; mais bien peut contraindre le voisin de la rendre moitoyen-ne, en luy payant promptement la moitié & du fonds & du mur, & peut mur mitoyen & com-mun entre deux voisins, estre par l'un percé, pour y asseoir poultres, sommiers, chevrons, & écoin-çons, en rebouchant les trous, & faisant reparer ce qu'il y aura démoly.

L X V I I I.

ET avant que ce faire, il doit avertir le voi-sin, pour obvier au dommage qu'il en pourroit recevoir, autrement il est attenu à tous dépens, dommages & interests.

L. X I X.

S 1 ſur muraille moitoyenne le voiſin avance
ſon toit pour la couvrir , il eſt tenu porter l'eau
hors le fonds de ſon voiſin , & oſter l'avance , au
cas que ledit voiſin y veüille relever ladite muraille.

L X X.

ON peut en mur commun creuſer juſques au
tiers d'iceluy , pour y dreſſer cheminées , moyennant que le voiſin n'ait precedemment creuſé d'autre oart de meſme endroit ; & ſi le mur mytoyen
eſt ruineux , le voiſin comparſonnier peut contraindre l'autre de contribuer pour ſa cotte à la
reparation.

L X X I.

MAIS arrivant que l'un des voiſins veille hauſ-
ſer ledit mur pour ſa commodité , l'autre ne ſera
obligé y contribuer , & ſe fera la rehauſſe aux frais
de celuy qui veut bâtir , qui peut poſer marques
& témoins pour montrer qu'elle luy appartient ,
meſme où le mur eſt trouvé en bon eſtat , demeu-
rera en la meſme hauteur qu'il eſt , & foible toutefois pour porter la nouvelle charge ou rehauſſe , celuy qui a fait bâtir le doit fortifier à ſes
frais & dépens , & pour ce le voiſin ne laiſſe d'y
avoir part.

L X X I I.

CELUY qui fait ſur le ſien egoûts , foſſez ,
puits , cîternes , ou privez , proche le mur com-

mun, doit faire entre iceux & ledit mur, un autre mur, si bon & suffisant, qu'il serve de deffense, & que le mitoyen ne recoive dommage & deterioration, soit par feu, humidité, pourriture, & autrement.

L X X I I I.

ON ne peut aussi creuser sur le sien pour y faire puits, privez, & égoûts d'eau, au cas que le voisin auroit déja un puits, qu'il n'y ait huit pieds pour le moins de distance entre deux, & si doit encore faire un contre-mur de chaux & sable, avec couroy, aussi bas que les fondemens desdits égouts, puits, & fossez, pour obvier aux dommages du voisin.

L X X I V.

OU la cheminée du voisin est caduque & ruineuse, & qu'à ce moyen elle peut apporter dommage au voisin, il peut être contraint la refectionner & restablir en bon estat.

L X X V.

SI par édit communale ou police, l'on ordonne quelques réparations, comme de ponts, bieds, fossez, & choses semblables, & les propriétaires en estans deuëment avertis & interpellés, font refus de satisfaire à ce qu'ils doivent pour leur contingente, la justice peut vendre le fonds pour y satisfaire.

L X X V I.

MESSIERS & bangards peuvent dedans vingt-quatre heures poursuivre les mesues, & sont

crûs en leur rapport, encore qu'ils ne foient fai-
fis de gages, pourveu qu'ils foutiennent par ferment s'être mis en devoir de gager les rappor-
tés, & eft l'amende de recouffe de fix francs
pour Son Alteffe, les autres amendes & gageres
fimples par échappées, de trois gros par tefte
pour ledit prevoft.

L X X V I I.

DISMEURS, ou porteurs de paux, font crûs
par ferment, toutefois à ce que quelqu'un puiffe
eftre condamné fur leur rapport à l'amende de
faux difmeurs, & eft néceffaire qu'ils foient fui-
vis d'un ou plufieurs témoins.

L X X V I I I.

SI aucun a poffédé de bonne foy, par lui ou
fes prédéceffeurs, defquels il a le droit & caufe
d'héritage, ou autres chofes prefcriptibles, entre
préfents ou abfents, par vingt ans, il acquiert
prefcription, & en eft fait à ce moyen maiftre
& feigneur; toutefois l'on ne peut prefcrire contre l'églife que par quarante ans.

L X X I X.

PRESCRIPTION ne court contre mineurs pendant leur minorité, ny autres perfonnes qui ne
peuvent agir & pourfuivre leur droit en jugement.

L X X X.

DROIT de pure faculté, & chofes tenuës en
commun & par indivis, ne fe prefcrivent.

L X X X I.

DROIT de servitude discontinuë sur le fonds d'autruy, ne se peut acquérir, s'il n'y a titres ou possession de tems immémorial.

L X X X I I.

SERVITUDE de prendre jour sur l'héritage d'autrui, ne peut aussi se prescrire, par quelque laps de tems que ce soit, s'il n'y a en la fenestre pattes & assiettes de ventillons, ou grilles ou arragnées du dehors, qui sont marques de ladite servitude, ou bien qu'il y ait titres de constitution.

L X X X I I I.

DROIT de cens ne se prescrit par le détenteur de l'héritage contre le seigneur censier, que par temps immémorial, mais bien les arrérages, lesquels délaissés de payer, ne peuvent se demander que de trois ans, s'il n'y a interpellation.

L X X X I V.

MARCHANDS, & autres vendeurs de denrées & marchandises en détail, ne sont receus après deux ans à faire demande & poursuite pour le payement du prix des marchandises & denrées par eux venduës & distribuées en détail.

L X X X V.

DENIERS dûs pour nourriture & instruction d'enfans, apprentissages de métiers, loyers de serviteurs & servantes, estant sortis des services de leurs maistres, se prescrivent en trois ans, ſauf s'il y avoit pour les choſes ſuſdites arreſts de compte, ſommation & interpellations judiciaires & ſoûmiſſions, cedule, ou obligation, auſquels cas elles ne ſe preſcrivent que par vingt ans, & s'interrompt la preſcription par ajournement ou interpellation judiciaire.

Si donnons en mandement à tous nos maréchaux, ſénéchaux, préſidens, & gens deſdits comptes de Lorraine, procureur-général de Lorraine, ſon ſubſtitut, prévoſt, officier, & gens de juſtice dudit Marſal, & généralement à tous autres qu'il appartiendra, que leſdits articles leus & enrégiſtrés ez greffes de leur juriſdiction, ils les faſſent obſerver exactement, ſans permettre qu'il y ſoit contrevenu directement, ou indirectement, ſoit en jugement ou dehors, ni en autres manières que ce puiſſe eſtre, juſques à autres ordonnances ou mandement de nous. Car ainſi nous plaiſt, en témoignage de quoi Nous avons aux préſentes, ſignées de noſtre main, fait mettre & appendre notre grand ſeel: Donné en notre ville de Nancy, le treizième mars mil ſix cer vingt-ſept, ainſi ſigné, CHARLES, & plus bas eſt écrit par ſon Alteſſe, les ſieurs du Chatelet, maréchal de Lorraine, comte de Tournielle, grand maiſtre en l'hoſtel, & ſurintendant des finances. De Removille, grand eſcuyer de Lorraine, & bailli de Voſges ; de Stainville, doyen de la Primatiale ; de Tumejus ; de Bonnecourt, Baillivy, maiſtre des requêtes ordinaire en l'hoſtel ; Maimbourg, Collignon, Philbert, Goedricy, Roüyer, F. Perin, & autres préſens,

signé pour secretaire, C. VAILLOT, avec paraphe, & plus bas est écrit   COURCOL
aussi avec paraphe, ledit grand seel à double ru-
ban de soye rose seiche y pendant en cire rouge.

*Collationné par nous François Darthois, mai-
stre échevin en la justice de Marsal, & tabellion
général en Lorraine, & Nicolas Grimon, notaire
& procureur demeurant audit lieu, sur son original
en parchemin, sain & entier seellé du grand seel en
cire vermeille, à Marsal le vingt-troisième septem-
bre 1677.*

Signé *DARTHOIS, & N. GRIMON.*

PRIVILÉGE DU ROI.

STANISLAS, par la grace de Dieu, Roi de Pologne, Grand Duc de Lithuanie, Ruffie, Pruffe, Mazovie, Samogitie, Kiovie, Volhinie, Podolie, Podlachie, Livonie, Smolensko, Sévérie, Czernichovie, Duc de Lorraine & de Bar, Marquis de Pont-à-Mouffon & de Nomeny, Comte de Vaudémont, de Blâmont, de Sarwerden & de Salm. A nos amés & féaux les Préfidens, Confeillers & Gens tenans notre Cour Souveraine de Lorraine & Barrois, Baillifs, Lieutenans Généraux, Particuliers, Affeffeurs Civils & Criminels, Confeillers & Gens tenans nos Bailliages de Bar, de la Marche & à tous autres qu'il appartiendra; SALUT. Henry Thomas, Imprimeur & Libraire en notre bonne Ville de Nancy, Nous a très-humblement fait repréfenter, que les Coutumes qui régiffent les différentes parties de nos États, ayant la plûpart été imprimées immédiatement après leurs homologations, que les premières éditions faites fous les yeux des Rédacteurs ont été très-exactes & le débit s'en eft fait dans peu de tems; mais devenuës rares par le laps du tems de leur rédaction, elles furent réimprimées différentes fois avec fi peu d'exactitude, qu'il s'y trouve des fautes & omiffions qui pouroient devenir préjudiciables au Public; que pour y remédier & prévenir les inconvéniens qui peuvent réfulter des défauts de ces dernières éditions, il feroit avantageux de faire une nouvelle réimpreffion defdites Coutumes fur les anciens exemplaires qui font les plus corrects; & comme il y en a quelques unes particulières qui font manufcrites, il feroit également du bon ordre pour éviter les changemens & altérations qui pouroient s'y faire de les imprimer afin de les rendre plus exactes & communes; l'Expofant qui s'eft appliqué depuis quelques années à faire la recherche de tous les anciens exemplaires tant imprimés que manufcrits defdites différentes Coutumes qui font Loix dans nos Tribunaux, fe trouveroit en état d'en entreprendre la réimpreffion s'il Nous plaifoit lui en accorder la permiffion, & pour l'indemnifer des frais confidérables qu'il fera obligé d'expofer pour y parvenir, lui accorder le Privilége exclufif pendant vingt ans. A quoi inclinant favorablement, après avoir renvoyé la Requête qu'il Nous a préfenté à ce fujet, à notre cher & féal Confeiller d'État & Procureur Général de Lorraine & Barrois le Sieur de Touftain de Viray, & vû fur ce fon avis.

A ces caufes, Nous avons permis & accordé, permettons & accordons par ces préfentes audit Henry Thomas, de réimprimer, à l'exclufion de tous autres, pendant l'efpace & terme de vingt annees confécutives, qui commenceront à courir du jour & date des préfentes, fur les anciens exemplaires les plus corrects, & imprimer fur les manufcrits les plus exacts; fçavoir : *Les Coutumes Générales de notre Duché de Lorraine, celles de Bar-le-Duc, de St. Mihiel, d'Épinal, de Marfal, de Blâmont, du*

Baffigny, de *Chaumont* en *Baffigny*, Coutumes de l'Évêché de *Metz* & *Thionville*, & cellé particulière de la *Breffe* en *Vôges*, en telles formes, marges & caractères & autant de fois que bon lui semblera, de les vendre, faire vendre, débiter & distribuer dans tous nos États, Pays, Terres & Seigneuries de notre obéiffance, durant ledit terme de vingt ans. Faifons très-expreffes inhibitions & défenfes à tous Imprimeurs, Libraires & autres de quelque qualité & conditions qu'ils foient, d'imprimer ni réimprimer, vendre ni débiter lefdites Coutumes, fous quelque prétexte ce puiffe être, même d'impreffion ou réimpreffion étrangère, changement ni augmentation, fans le confentement exprès de l'Expofant ou de fes ayans-caufe, à peine de mille livres d'amende, applicable un tiers au dénonciateur, un tiers à l'hopital le plus prochain de la reprife, & l'autre tiers à l'Expofant, outre la confifcation à fon proît de tous les exemplaires contrefaits, à charge néanmoins que l'impreffion s'en fera dans nofdits États & non ailleurs, en bon papier & beaux caractères, & avant de les expofer en vente d'en remettre deux exemplaires de chacune defdites Coutumes en notre Bibliothéque Royale, deux en celle de notre Bibliothéque publique à Nancy, & deux en celle de notre très-cher & féal Chevalier, Chancelier, Garde de nos Seaux & Chef de nos Confeils le Sieur de la Galaiziere, & de faire régiftrer les préfentes fur le livre de la Communauté des Imprimeurs & Libraires de notredite Ville de Nancy, à peine de nullité des préfentes, du contenu defquelles nous vous mandons & enjoignons de faire jouir l'Expofant pleinement & paifiblement, ceffant & faifant ceffer tous troubles & empêchemens contraires. Voulons qu'en imprimant copie du préfent Privilege au commencement ou à la fin de chacun exemplaire, il foit tenu pour bien & duement fignifié. Mandons en outre au premier notre Huiffier, ou autre Huiffier ou Sergent fur ce requis, de faire pour l'exécution des préfentes, toutes fignifications, défenfes, faifies & autres actes néceffaires dans tous nos États, Pays, Terres & Seigneuries de notre obéiffance, fans pour ce demander autre permiffion, vifa, ni paréatis. CAR AINSI NOUS PLAIT, en foi de quoi nous avons aux préfentes fignées de notre main, & contrefignées par l'un de nos Confeillers Sécretaire d'État, Commandemens & Finances, fait mettre & appofer notre Scel fecret. DONNÉ en norre Ville de Lunéville le treize Mai mil fept cent cinquante-quatre. STANISLAS ROY.

Par le Roy, ROüOT.

Regiftrata, GUIRE.

Régiftré fur le régiftre de la Communauté des Imprimeurs-Libraires de Nancy, le 16 Mai 1754, fol. 42, 43 & 44. P. ANTOINE.